LE MARI CURIEUX,

COMEDIE

EN UN ACTE.

Representée pour la premiere fois, le Mardy 17. Juillet 1731. par les Comédiens Ordinaires du Roy.

Par M. D'ALLAINVAL.

A PARIS,

Chez BRIASSON, rue S. Jacques, à la Science.

M. D. C. C. XXXI.

AVEC PRIVILEGE DU ROY.

ACTEURS.

LISIDOR, riche Commerçant.

Mme LISIDOR, sa femme.

HENRIETTE, leur fille.

DAMON, Amant d'Henriette.

LE CHEVALIER, Gascon.

MATHURIN, Jardinier de Lisidor.

BOHEMIENS & BOHEMIENNES.

La Scene est vis-à-vis la Maison de Campagne de Lisidor.

LE MARI
CURIEUX,
COMEDIE.

SCENE PREMIERE.

LISIDOR, *en habit de Bohemienne,
un crespe sur le visage, à une troupe de
Bohemiens.*

ES amis, retirez-vous à l'entrée de ce bois, je vous aver-
tirai, quand il sera necessaire
que vous paroissiez. *ils rentrent.*
Qu'il m'est doux après dix ans d'absence & de fatigues de revoir ces beaux
lieux ! A la faveur de ce déguisement,
j'y vais être témoin des pleurs qu'une
épouse & une fille qui m'aiment don-
nent à ma memoire ; j'aurai le plaisir

d'effuyer leurs larmes, & de leur apprendre moi-même que le bruit de mon naufrage & de ma mort n'eft qu'un faux bruit. *on crie en dedans.* Mais quels cris entens je dans ma maifon? il n'eft pas encore tems de me montrer; cachons-nous derriere ces arbres.

SCENE II.

Mme LISIDOR, *en habit de couleur.*
LE CHEVALIER, MATHURIN.

MATHURIN, *pourſuivi par le Chevalier qui le frappe.*

HAï, haï, haï......
    LE CHEVALIER, *parle gaſcon.*
 Véla commé jé paye les avis d'un maraut dé Jardinier.
    Mme LISIDOR, *aigrement.*
 C'eft la fimplicité, la bétife de feu M. Lifidor mon mari qui l'a gâté; il étoit fon oracle.
    MATHURIN.
 Haï, haï, haï......

Mme LISIDOR, *a grément.*

Oſer me remontrer qu'étant à peine veuve, je dois plûtôt ſonger à pleurer mon époux, qu'à en prendre un autre!

LE CHEVALIER, *le menaçant de ſa canne.*

Inſolent....

Mme LISIDOR, *aigrement.*

Me ſoûtenir que je fais mal de mettre ma fille dans un couvent contre ſon inclination!

LE CHEVALIER.

Il appartient bien à un ſaquin commé toi.....

Mme LISIDOR, *aigrement.*

Me dire en face mille infamies, mille impoſtures contre M. le Chevalier, contre un gentilhomme de merite, que j'eſtime, que j'aime!

LE CHEVALIER, *lui baiſant la main.*

Madame.....

MATHURIN.

Je n'ay morguoi dit que la verité.

LE CHEVALIER.

Ah, tu en veux encoré.

Mme LISIDOR, *l'empêchant de frapper Mathurin.*

Laiſſez ce malheureux, mon cher Chevalier.

LE CHEVALIER.

Vous avez raiſon, il vaut mieux lé
chaſſer : va, coquin, jé té donne ton
congé.

MATHURIN.

C'eſt tout ce qu'il peut bailler.

LE CHEVALIER.

Tu plaiſantes, jé penſe.... qué dis-tu?

MATHURIN.

Que vous n'êtes pas encore le maître,
vous.

Mᵐᵉ LISIDOR, *fierement.*

Je te chaſſe moi, entens-tu ?

LE CHEVALIER.

Et qu'il né t'arrivé pas d'approcher
dé cette porte.

Mᵐᵉ LISIDOR.

Rentrons, Chevalier.

MATHURIN.

Ah, fripon de Chevalier, tu m'a roſſé
de coups : mais vantregoi je m'en ris &
j'en ſis, faut-il dire, charmé : car par la
morguoi.... je m'en vangerai.

SCENE III.

LISIDOR, MATHURIN.

LISIDOR.

LA bonne avanture, mon gros réjoüi,
la bonne avanture....

MATHURIN, *brusquement.*

On viant de me la dire : laiſſez-moi en
repos, vous.

LISIDOR.

Vous ne ferez rien gagner à la Bohemienne ?

MATHURIN, *en colere.*

Si fait, alle gagnera queuque choſe,
ſi alle ne paſſe bian vîte ſon chemin.

LISIDOR.

Vous êtes bien de mauvaiſe humeür ?

MATHURIN, *plus en colere & pouſſant*
Liſidor.

C'eſt que je n'ai pas envie de rire :
entendez-vous ?

LISIDOR.

Votre maîtreſſe vous a grondé ?

MATHURIN, *en colere.*

C'eſt peut-être mon maître.

A iiij

LISIDOR.

M. Lifidor ? bon il y a dix ans qu'il partit pour les Indes, & vous avez appris depuis peu qu'il étoit peri en revenant.

MATHURIN, *étonné.*

Oüais : vous devinez ça ?

LISIDOR.

Je devine bien plus : vous vous appellez Mathurin.

MATHURIN.

Ca eft vrai.

LISIDOR.

Mari d'une certaine Claudine que vous furprites un jour dans le bois avec le Procureur Fifcal : ajn...

MATHURIN.

Alle eft morte la maligne bête. *à part,* Mais ftel ci eft petêtre eune attrapeufe, al me croit queuque nigaud. *haut.* Ditesmoi comment s'appelle la femme de défunt M. Lifidor. *bas.* J'allons voir.

LISIDOR.

Madame Lifidor.

MATHURIN.

Ca me confond. .... Et Mademoifelle Henriette leur fille ?

LISIDOR.

Mademoifelle Henriette.

MATHURIN.

Comme al devine !

LISIDOR.

Elle n'avoit que cinq ans quand fon
pere partit.

MATHURIN.

Jarnonce !.... à qui vloit-il la ma-
rier, quand al feroit grande ?

LISIDOR.

Au jeune Damon, fils de Geronte
fon ancien ami, qui a une terre dans le
voifinage.

MATHURIN.

Tatigué... *à part*, il faut que fte
Bohemiene là foit forciere. *haut*. Et
Madame Lifidor que fait-elle à ftheure ?

LISIDOR.

Dès qu'elle a appris la mort de fon
époux elle a quitté Paris, & elle s'eft
retirée ici, pour pleurer plus en liberté.

MATHURIN, *riant*.

Hé, oüi morguoi pour pleurer ; c'eft
ce qu'al difoit : mais vous qui êtes bian
feine, vous devinez bian, que c'eft pour
y voir plus à fon aife, un grand Efcogrif
de gafcon qu'al appelle M. le Chevalier,
& que parfonne ne connoît. Alle ache-
vera de l'époufer, drés qu'un pere, qu'il
dit qu'il a fera arrivé.

LISIDOR, *bas.*

Que m'apprend-t-il ?

MATHURIN, *pleurant.*

Il viant de me bailler cent coups, &
Madame Liſidor mon congé, pour l'a-
mour que je ly diſois que ça étoit hon-
teux à alle.... vous devinez bian tout
ça neſt-ce pas ?

LISIDOR, *avec un ris forcé.*

Oüi.

MATHURIN, *riant au nez de Liſidor.*

Si défunt M. Liſidor n'étoit pas mort,
qu'il revenit & qu'il trouvit ſa femme
à moiqué mariée, m'eſt avis que vla qui
ſeroit bian riſible, ah, ha, ha.

LISIDOR, *avec un ris forcé.*

Oüi, oüi. *bas.* j'enrage.

MATHURIN.

Pour ce qu'eſt d'en cas de par rapport
à moi j'en ſerois morguenne ravi, car
je l'aimois bian : & pis je ne ſortirois point
de mon jardin.

LISIDOR.

Vous n'en ſortirez point.

MATHURIN.

Oh, ils m'avont trop bian ſeignifié
mon congé.

LISIDOR.

Vous reverez bien-tôt votre maître,
mon cher Mathurin.

MATHURIN.

Vous vous gauffez de moi, il eft morguoi trop bian entarré dans la Mer.

LISIDOR.

Point du tout : il eft arrivé en France.

MATHURIN.

Il n'eft pas mort ! quoi je reverrai ce
bon maître que j'aimois tant : oh....
tenez vla tout mon vaillant, je voudrois
avoir un écu, je vous le baillerois pour
une fi bonne nouvelle : mais venez dans
le Village, j'ay crédit de chopene, je la
boirons à la fanté du pauvre défunt :
ma chere forciere, il faut que je vous
embraffe.... (*Lifidor leve fon crefpe,*)..
mais... mifericorde... c'eft Monfieur
Lifidor....

LISIDOR.

Oüi, mon cher Mathurin

MATHURIN, *effrayé.*

Je fis pardu...

LISIDOR.

Approche ... ne crains rien ... je
fuis encore vivant.

MATHURIN, *tremblant.*

Voute foi : je vous en prie.. point
de trahifon : ça feroit bian malhonête
à vous fi u's étiais mort..

LISIDOR.

Non te dis je, mon cher Mathurin,
rassure-toi : touche ma main...

MATHURIN.

Ah, mon cher maître... mais pourquoi êtes-vous fagoté comme ça ?

LISIDOR.

J'ai emprunté cet équipage d'une
troupe de Bohemiens que j'ai rencon-
tré près de ce Village : je comptois
qu'il me feroit joüir du plaisir de me
voir pleurer par mon épouse ; mais il va
servir à me convaincre de son mauvais
cœur. Va lui annoncer une Bohemienne
avec sa troupe, qui veut danser devant
elle, & lui dire la bonne avanture, tu
me retrouveras dans cette allée.

MATHURIN, *il va & revient.*
J'y vas.

LISIDOR.
Ne lui dis rien de plus.

MATHURIN.

Ne vous boutez pas en peine, je ne
sonnerai mot, je sis homme de tête :
jarniguoi que j'allons rire ! *il entre hardiment dans la maison.*

SCENE IV.

LISIDOR, *seul.*

PErfide… mais fais je bien bien de chercher à la connoître davantage, & à sçavoir des choses qu'un mari n'apprend jamais qu'avec chagrin, & qu'il doit toûjours feindre d'ignorer : mais quelle est cette jeune personne en pleurs & en habit de deüil? d'où vient que mon cœur s'émeut à son approche ? c'est ma fille, je n'en puis douter… courons l'embrasser.. *il fait deux pas.* non cachons-nous pour entendre, si elle est plus digne que sa mere de mon amour. *il rentre derriere les arbres.*

SCENE V.

HENRIETTE, *seule en deüil, & pleurant.*

INjuste fortune, que t'ai-je fait ? pour m'accabler de tes rigueurs? après dix ans d'absence tu feins de me rendre un pere que j'aimois, &.dans le tems que je me crois prête de joüir de ses embrasfemens, tu me l'arraches, tu le fais perir dans un naufrage... mais j'apperçois Damon, ne ferois-je point mieux de l'éviter?

SCENE VI.

DAMON, HENRIETTE.

DAMON, *tendrement.*

C'En est donc fait, ma chere Henriette, vous serez demain enfermée dans un couvent? je ne vous verrai plus ... je vous perds pour jamais.

HENRIETTE.

Ma mere l'ordonne, Damon.

DAMON, *vivement.*

La cruelle! il lui sied bien de vouloir éteindre des feux aussi innocens que les nôtres; tandis qu'à peine sûre de la mort d'un époux qu'elle devroit pleurer éternellement, elle est folle d'un avanturier.

HENRIETTE.

Arrêtez, Damon, songez qu'elle est ma mere, & que mon devoir veut que je respecte jusqu'à sa rigueur.

DAMON.

Quoi! vous pourrez lui obéïr ?

HENRIETTE.

Il le faut.

DAMON.

Non, charmante Henriette, non, suivez plûtôt un amant qui vous adore...

HENRIETTE.

Qu'osez vous me proposer ?

DAMON.

Ce que l'amour devroit vous dicter : suivez-moi, vous suivrez un époux avoüé par votre pere : dès notre enfance il avoit pris plaisir à lier nos doux cœurs.

HENRIETTE.

Il est vrái : si le ciel me l'avoit conservé, j'aurois fait mon bonheur d'être à vous : mais helas en me l'enlevant, ce même ciel a ordonné de moi.

SCENE VII.

LISIDOR, DAMON, HENRIETTE.

LISIDOR, *à part en s'approchant.*

Les pauvres enfans ! leur douleur m'a penetré.. *haut.* La bonne avanture ma belle Damoiselle : la bonne avanture, mon beau cavalier.

DAMON, *triſtement.*

Helas, ma bonne, je ſçai ce qui nous va arriver ; nous allons tous les deux mourir de deſeſpoir ; Henriette dans un couvent, & moi je ne ſçai où.

LISIDOR.

J'ai des fortunes plus douces à vous prédire, moi : vous ne mourrez ni l'un ni l'autre, & vous ſerez mariez ce ſoir.

HENRIETTE.

Nous ſerons mariez !

DAMON.

Quelle apparance ?

HENRIETTE, *avec un commencement d'émotion.*

Je ne ſçai quelle joye je goûte à entendre cette femme ; mais je n'ai jamais ſenti ce que je ſens.

DAMON.

Croyez-vous ces ſortes de gens ?

LISIDOR.

Votre bonheur dépend de moi plus que vous ne penſez.

DAMON.

Hé, laiſſez-nous : je n'ai ni le tems, ni l'envie d'écouter vos reveries.

HENRIETTE, *avec empreſſement.*

Parlez à moi, ma bonne, parlez à moi,

LISIDOR,

LISIDOR.

Vous me croyez donc mieux, vous?

HENRIETTE, *avec affection.*

Oüi, je sens un plaisir infini à vous parler.

LISIDOR, *avec transport faisant deux pas vers elle comme pour l'embrasser.*

Ma chere fille....

DAMON, *l'arrêtant brusquement.*

Plaît-il?

LISIDOR, *interdit.*

Pardonnez-moi ce transport... Monsieur... il est causé par... la joye que j'ai de vous annoncer, que vous serez unis ce soir.

HENRIETTE.

Je viens de perdre un pere que j'aimois tendrement, quoique je ne l'eusse vû que dans mon enfance.

LISIDOR.

Il vous a toûjours aimée aussi.

DAMON, *le poußant doucement.*

Hé, encore une fois, laissez-nous, allez débiter ailleurs vos fornettes. Je n'ai plus qu'un instant à vous voir, pouvez-vous l'employer à parler à cette....

HENRIETTE, *vivement & tendrement.*

Damon ne la maltraitez point : les,

B

duretez que vous lui dites me percent
le cœur.

LISIDOR.

Si je difois un mot.

DAMON, *le pouſſant plus fort.*

Sortez donc, je vous en prie, fortez
donc.

HENRIETTE, *tendrement & vivement.*

Damon, Damon....

LISIDOR, *s'en allant.*

Vous fçaurez tantôt qui je fuis.

DAMON.

A la bonne heure.

HENRIETTE.

Blâmez-moi, Damon, traitez-moi de
viſionaire ; mais un charme ſecret me
force à croire cette femme : je vous dirai
plus, je ne la vois s'éloigner qu'avec
émotion ! je brûle de la rejoindre : depuis que je l'ai vûe, l'eſperance eſt rentrée dans mon cœur; & je ne ſçaurois
plus penſer que je dois aller au couvent.

DAMON.

Il ne tient qu'à vous de vous en
affranchir.

HENRIETTE.

Ne m'en parlez plus, Damon.

DAMON, *avec emportement.*

Eh bien puisque ni la raison, ni mon
amour ne peuvent vous ébranler ; que
vous êtes déterminée à me sacrifier aux
caprices de vôtre mere, je n'écoute plus
que mon desespoir, & je cours joindre
son Chevalier... l'auteur de nos mal-
heurs. *il sort avec promptitude.*

HENRIETTE.

Qu'allez-vous faire... mais ma mere
vient, elle l'aura sans doute vû se retirer.

SCENE VIII.

Mme LISIDOR, HENRIETTE, LE CHEVALIER.

Mme LISIDOR, *aigrement.*

QUe faites-vous ici, Mademoiselle?

HENRIETTE, *tremblante.*

Ma mere, j'y prenois l'air.

LE CHEVALIER.

Oüi, avec le beau Damon.

Mme LISIDOR, *aigrement.*

Il me semble que je vous avois défen-
du de lui parler : je suis ravie de voir

B ij

le cas que vous faites de mes ordres.

HENRIETTE, *tremblante*.

Ma mere...

LE CHEVALIER, *ricannant*.

Il n'y a pas dé mal à céla, Madame,
lé blondin lui faiſoit ſes derniers adieux,
Vous vous êtes ſans doute dits des choſes
bien tendres, bien touchantes, vous
vous êtes promis dé vous aimer toûjours,
en dépit dé la grille ?

HENRIETTE, *triſtement*.

Il vous convient fort, Monſieur,
d'inſulter à mon malheur, vous, qui lé
cauſez.

Mme LISIDOR, *aigrement*.

Petite ſotte, je vous entens je penſe ?
rentrez, & diſpoſez-vous à partir demain pour votre couvent ; c'eſt-là que
vous ferez à loiſir vos lamentations.

LE CHEVALIER.

Oüi, oüi, les échos répondront à vos
douloureux accens.

SCENE IX.

Mme LISIDOR, LE CHEVALIER.

LE CHEVALIER.

Elle s'en va bien piquée.

Mme LISIDOR, *tendrement.*

Elle ne peut voir fans regret que je
vous époufe.

LE CHEVALIER.

Céla eft étrange, dès qu'une fille approche dé quinze ans, elle voudroit
qu'on n'époufât qu'elle.

Mme LISIDOR.

Laiffons cette petite impertinente,
mon cher Chevalier.

LE CHEVALIER.

Oüi, parlons dé nous.

Mme LISIDOR, *avec une efpece d'en-*
toufiafme.

Quand viendra t il, ce moment for-
tuné, où nos deux cœurs enchaînez
enfemble......

LE CHEVALIER.

J'en fuis plus impatient qué vous;
& chaque inftant qué mon pere differe
à arriver mé paroît un fiecle.

Mme LISIDOR, *charmée.*

Sans doute, comme vous me l'avez déja dit, qu'il fait de grands préparatifs pour nos nôces.

LE CHEVALIER.

Oh, oüi, jé lé connois; rien né luî coûte; il n'a rien à lui cé pere; jé lui avois pourtant écrit d'y apporter plus dé diligence qué dé cérémonie.

Mme LISIDOR, *charmée.*

Allez, il ne fçauroit tarder à être ici.

LE CHEVALIER.

Et comment lé fçavez-vous, jé vous prie?

Mme LISIDOR, *avec une efpece d'en-toufiafme.*

Cette nuit, j'ai eu le fonge le plus charmant... le plus agréable! j'ai vû arriver un gentilhomme qui fe difoit votre pere.

LE CHEVALIER.

Ah, qué mé dites vous? j'ai eu lé même rêve, mon pere vient certaine-ment.

Mme LISIDOR, *charmée.*

J'en ai encore la memoire fi fraiche, que je vous le dépeindrai bien; c'eft un homme de moyenne taille, mais bien fait, un vieillard aimable.

LE CHEVALIER, *vivement.*
Justement ! vélà mon pere.

Mme LISIDOR.
Deux grands Laquais à sa suite.

LE CHEVALIER, *gayement.*
Vélà mon pere... la livrée de quelle couleur ?

Mme LISIDOR.
Verte.

LE CHEVALIER, *plus gayement.*
Vélà mon pere.

Mme LISIDOR.
Il étoit charmé de me voir sa bru.

LE CHEVALIER, *très gayement.*
Vélà mon pere, jé lé reconnois à ces sentimens.

Mme LISIDOR, *en folle.*
Quelle joye, mon cher Chevalier ! mais que me veut encore ce coquin ?

SCENE X.

Mme LISIDOR, LE CHEVALIER, MATHURIN.

LE CHEVALIER.

HE' donc faquin, jé té revois ? viens-tu encore trouver à rédire à notre mariage ?

MATHURIN.

Non, j'étois un impartinent M. le
Chevalier : mais du dépis que j'ai senti
vos raisons, je me sis corrigé, j'y baille
mon agrément.

LE CHEVALIER.

Et moy, jé té remets dans ton jardin :
Madame né m'en dédira pas jé pense.

Mme LISIDOR.

Vous êtes le maître, Chevalier.

LE CHEVALIER.

Tu n'auras rien perdu en Monsieur
Lisidor.

MATHURIN.

Je le sçai bian, Monsieur. Madame, je
vians vous dire que lia la une Bohemienne avec sa bande, qui demande à danser
devant vous.

Mme LISIDOR.

Ah, voilà comme j'aime Mathurin ;
quand il devient raisonnable, qu'il aime
sa maîtresse, qu'il lui procure des plaisirs.

MATHURIN.

Alle vous dira voute bonne avanture ;
c'est une fçine mouche qui en sçait bian
long ; alle m'a dégoisé sous voute respect,
la mienne tout de bout en bout : tenez
la ula justement qui vians envars içi.

SCENE XI.

SCENE XI.

LISIDOR, Mme LISIDOR,
LE CHEVALIER, MATHURIN.

LISIDOR.

Madame, j'ai ma troupe dans votre bois, & je viens vous offrir ses services & les miens pour égayer votre veuvage.

Mme LISIDOR.

Vous devinez que je suis veuve ?

LISIDOR.

Oüi, Madame, & depuis très-peu de tems ; ce n'est pas votre habit qui me le fait deviner ; mais mon art.... si vous voulez je vous en donnerai un échantillon : mais il faudroit que Monsieur, & ce Paysan se retirassent.

Mme LISIDOR.

Avec empressement. Non, non, Chevalier, restez : *à Lisidor*, je n'ai rien de caché pour luy.

MATHURIN, *bas à Lisidor.*

L'entendez-vous? *haut.* Et moi je sis sans consequence.

LE CHEVALIER.

La Bohemienne a raison, je me retire,

C

vous ferez plus en liberté, je reviendraï
dans un inftant la confulter. *Bas à Lifidor.*
Dites-luï du bien de moy.

　　　L I S I D O R, *bas au Chevalier.*
Ne craignez rien, je fçai mentir.

　　　M A T H U R I N, *à part.*
Et moi je vas tacher de les acouter :
tâtigué que ne fis-je en fa place ! jarnigué
qu'il en va entendre de bonnes.

S C E N E XII.

LISIDOR, Mme LISIDOR.

　　Mme L I S I D O R, *ôte fon gand.*

Voilà ma main.

　　L I S I D O R, *regardant dans la main*
　　　　　de fa femme.
Vous avez appris depuis peu que votre mari étoit péri fur mer en revenant
des Indes.

　　　　Mme L I S I D O R.
Il eft vrai, il y avoit dix ans qu'il étoit
abfent, & heureufement m'en voilà
tout-à-fait défaite.

　　L I S I D O R, *regardant dans la main.*
　Bas : Beau début ! haut. C'étoit un fort
bon homme.

Mme LISIDOR.

Dites un benet, un fot.

LISIDOR.

Je le devinois, mais par ménagement.

Mme LISIDOR.

Il n'en meritoit point. C'étoit un homme que mes parens m'avoient forcé de prendre malgré mon cœur.

LISIDOR, *regardant dans la main.*

Bas. L'ingrate! *haut.* Vous avez pourtant affez bien vêcu avec lui.

Mme LISIDOR.

D'accord, j'en faifois tout ce que je voulois, & il croyoit tout ce qui me plaifoit, fi je vous difois tout ce que je lui ai fait croire.

LISIDOR.

Je le devine: *bas.* Quelle impudence!

Mme LISIDOR.

Continuez de me dire ma bonne avanture.

LISIDOR, *regardant dans la main.*

Vous aurez ce foir un mary.

Mme LISIDOR, *en folle.*

Ah, voilà mon rêve expliqué! je m'y attendois! le père de M. le Chevalier arrive, nous allons conclure, nous allons conclure.

LISIDOR, *bas.*

La perfide!

Mme LISIDOR.

Mais rassurez-moi ; quoique j'aye un certificat du naufrage de Monsieur Lisidor, toutes les nuits je crois le revoir ; ces visions-là ne sont point agréables : je vous avoue que je crains toûjours qu'il ne soit pas bien mort.

LISIDOR.

Croyez-moi, il est très-mort pour vous.

Mme LISIDOR.

L'agreable nouvelle! il est tout-à-fait mort : l'ai-je bien entendu ? je ne le reverrai jamais un homme si maussade, si desagréable, Ah, vous me ravissez.

LISIDOR, *bas*,

Scelerate !

Mme LISIDOR.

Je n'en veux pas sçavoir davantage... Voilà un loüis pour votre peine, & quand votre troupe sera prête, vous me ferez avertir. Allons faire part à mon cher Chevalier de tout ce qu'elle vient de me prédire, *elle rentre en folle*.

LISIDOR, *après que sa femme est rentrée*.

J'étouffe.... quelle peine j'aye eüe à me contraindre, & à retenir ma colere !

___

SCENE XIII.

LISIDOR, MATHURIN.

MATHURIN.

HE bian, êtes-vous bian satisfait ?

LISIDOR.

Oh, beaucoup.

MATHURIN.

Vote femme vs' a dit sans doute bian
de jolies choses ?

LISIDOR.

Oüi, très-jolies.

MATHURIN.

Morguoi que ve' avez eu de plaisir
à lui tirer comme ça les vars du nez !

LISIDOR.

Je creve. Se peut-il qu'une femme
dont je me croyois si tendrement aimé,

MATHURIN.

Bouche coüsuë : vla son Chevalier
qui viant.

LISIDOR.

Continuons de feindre pour tirer de
lui de quoy confondre la traitresse.

SCENE XIV.

LISIDOR, LE CHEVALIER, MATHURIN.

LE CHEVALIER.

Mathurin, laisse-nous, jé veux à mon tour m'entretenir avec la Bohemienne.

MATHURIN.

Faites. *bas à Lisidor.* je vas vs'attendre.

LE CHEVALIER.

Oh ça, ma bonne, j'ai bien des choses à vous dire; la premiere, est qué jé fais votré fortune.

LISIDOR.

Parlez, Monsieur, parlez. Vous me gagnez le cœur, vous sçavez que je suis de vos amies, & vous Gascons & nous Bohemiens, nous ne sommes pas faits pour nous deservir.

LE CHEVALIER.

Il est vrai, nous roulons ensemble : mais la confidence est délicate ; c'est pourquoi voyons si personné n'écoute.

LISIDOR, *pendant que le Chevalier va & revient.*

Quelles précautions !

Le Chevalier.

Jé vais vous ouvrir mon cœur : prémierement jé suis un homme isolé, jé n'ai jamais connu ni parens ni patrie ; jé mé suis trouvé à Bazas dès ma naissance, comme si j'y étois tombé des nuës.

Lisidor.

A votre phisionomie, & à votre accent, j'en ai d'abord deviné plus que vous ne m'en dites.

Le Chevalier.

La fortune lasse dé mé tracasser, sé déclare enfin pour moi, elle mé fait adorer de cette veuvé, jé l'épouse, jé vais rouler sur l'or, pour peu qué vous mé secondiez.

Lisidor.

Je n'ai pas mal commencé à vous servir auprès d'elle, puisque je lui ai caché que son mari n'est pas mort.

Le Chevalier.

Comment, cé Bélitre est encore vivant ?

Lisidor.

Bien plus, il est abordé en France.

Le Chevalier.

Lé maraud ! célá étant dépêchons-nous d'épouser sa femme.

C iij

LISIDOR.

Céla ne vous arrête donc point?

LE CHEVALIER.

Au contrairé, céla m'engage à préci-
piter la nôce ; j'ai aussi dé mon côté
une façon dé mariage, jé né sçais où.

LISIDOR.

Bagatelle. *bas.* l'honnête homme ! *haut.*
qué puis-je faire pour vous?

LE CHEVALIER.

Lé véci. J'attendois ici dans quelques
jours un dé mes amis qui dévoit passer
pour mon pere.

LISIDOR.

A merveille.

LE CHEVALIER.

Mais comme la chosé presse, qué dé
plus cette femme a rêvé cette nuit qué
mon pere arrivoit, & qué vous-même
vous l'en avez assurée, comme elle vient
dé mé lé dire.

LISIDOR.

Hé bien?

LE CHEVALIER.

Hé bien, il faut qué vous lé fassiez
venir cé pere là, qué quelqu'un de vos
gens fasse cé rôle.

LISIDOR.

Bien avisé : laissez-moi faire, je me

charge moi-même de ce personnage.

LE CHEVALIER.

Vous?

LISIDOR

Oüi moi : pour votre service, je suis femme à devenir homme, & à changer du noir au blanc en un instant.

LE CHEVALIER.

Cadédis jé mé réconnois à ces metamorphoses ! mais né perdez point dé tems, & allez vous mettre promptement en état dé paroître mon pere.... vous vous appellerez.... lé Comte dé Fourbignac.

LISIDOR.

Fort bien.

LE CHEVALIER.

Vous arriverez.. des bords dé la Garonne, dé votre Château : allez vous préparer.

LISIDOR.

J'y cours.

LE CHEVALIER, *le rappellant*.

St. st. faités-vous dévancer par un laquais habillé de verd : lé point est essentiel.

LISIDOR, *sortant*.

J'ai à l'entrée de ce bois des habits pour tous les travestissemens,

Le Chevalier.

Qué la dot mé vienne, & vous verrez ſi j'en ſçais uſer. *ſeul & gayement.* Voilà mon affaire en bon train, il ſemble qué la fortune m'ait exprès adreſſé cette Bohémienne : Madame Liſidor ſera bien fine, ſi elle devine cé tour. Mais jé vois venir Damon, retirons-nous.

SCENE XV.

DAMON, LE CHEVALIER.

DAMON, *allant à ſa rencontre.*

LE voici. M. le Chevalier, je ſuis vôtre ſerviteur.

Le Chevalier, *embarraſſé.*

C'eſt moi qui ſuis lé votre : vous cherchez ſans douté Mademoiſelle Henriette ?

DAMON, *d'un ton flegmatique.*

Non, Monſieur, je ne puis plus la voir, ſans l'expoſer au couroux de ſa mere, vous le ſçavez bien : c'eſt vous que je cherchois.

Le Chevalier, *voulant ſe retirer.*

Moi, Monſieur, pardon ſi jé né puis

pas vous écouter presentement, une affaire dé conséquence....

DAMON, *d'un ton flegmatique.*

Hé, Monsieur, j'aurai fait en deux mots.

LE CHEVALIER, *bas.*

Lé maudit tête-à-tête.

DAMON, *d'un ton flegmatique.*

Dès mon enfance M. Lifidor ami de mon pere me deftina pour époux à fa fille.

LE CHEVALIER.

On mé l'a dit.

DAMON, *d'un ton flegmatique.*

Voilà, Monfieur, tout ce que j'avois à vous dire.

LE CHEVALIER, *voulant fe retirer.*

Monfieur, jé fuis votré....

DAMON, *d'un ton flegmatique.*

Un moment, Monfieur, ayez la bonté de mettre l'épée à la main.

LE CHEVALIER, *interdit.*

L'épée à la main, Monfieur? jé vous vois venir; vous êtes faché contre moi, dé cé qué j'époufe Madame Lifidor?

DAMON, *d'un ton flegmatique.*

J'aurois tort de vous en vouloir du mal.

LE CHEVALIER.

En verité, jé m'y vois forcé.

DAMON, *d'un ton flegmatique.*

Encore un coup, s'il y a quelque
chose à redire dans ce mariage, ce n'est
pas vous qu'il en faut blâmer, c'est celle
qui vous épouse : vous, vous faites votre
emploi : vous trouvez une Dupe qui
veut vous mettre à votre aise, vous
saisissez l'occasion, cela est fort naturel ;
& en votre place sans doute, mille gens
seroient charmez de faire comme vous ;
se mettant en garde. Allons, Monsieur...

LE CHEVALIER.

Mais, Monsieur, je ne vois pas pourquoi.

DAMON, *d'un ton flegmatique.*

Quoi vous ne voyez pas, que je sçais
que c'est par vos sollicitations, que
Madame Lisidor m'arrache sa fille.

LE CHEVALIER.

Au contraire, Monsieur, je fais tout
ce que je puis pour l'engager à vous la
donner, vous allez voir... *il crie de toutes
ses forces.* Holà quelqu'un.

DAMON.

Il n'est pas nécessaire d'appeller.

LE CHEVALIER.

Pour vous faire connoître.....

DAMON, *d'un ton flegmatique.*

Je croirai tout ce que vous voudrez ;

mais allons donc, s'il vous plaît... *il le pousse.*

LE CHEVALIER.

Mais, Monsieur, jé né vous en veux point moi,

DAMON.

Faut-il pour vous animer, que je vous dise que vous êtes un miserable ?

LE CHEVALIER.

On n'a jamais dit céla en face à un honête homme.

DAMON.

Je le sçais, *voyant que le Chevalier met son chapeau & la main sur la garde de son épée.* Ah, voilà comme je vous veux. *il se remet en garde.*

LE CHEVALIER, *ôtant son chapeau.*

Encore uné fois, Monsieur, jé né mé battrai point contre vous ; je serois inconsolable toute ma vie, si j'avois tué un homme qué j'estime.

DAMON, *ironiquement.*

Hé bien, Monsieur, puisqu'absolument vous voulez me laisser la vie, elle m'est odieuse sans Henriette, ainsi ayez pour agréable de m'en rendre possesseur avant d'épouser sa mere, sinon je vous traiterai comme le merite un homme de votre sorte,

LE CHEVALIER.

Mais, Monsieur, si Madame Lisidor est intraitable là-dessus?.. La véci, vous m'allez entendre lui parler en votre faveur.

SCENE XVI.

Mme LISIDOR, DAMON, LE CHEVALIER.

LE CHEVALIER.

Madame, véla M. Damon qui vient dé mé declarer ses intentions; ses raisons sont si pressantes, si pressantes... qué jé vous prie instament dé lui accorder votre fille.

Mme LISIDOR.

Vous le voulez, Chevalier?...

LE CHEVALIER, l'interrompant.

J'entrevois déja vos réfus; car toutes les fois que j'ai entamé cé chapitre, vous m'avez toûjours fermé la bouche.

Mme LISIDOR.

Et je vous prie encore de ne m'en jamais parler.

LE CHEVALIER.

Bas à Mme Lisidor. Fort bien. à Damon.

Vous l'entendez ; mais jé né mé rends
pas.

DAMON, *bas.*

Ah fourbe !

LE CHEVALIER.

Hé, Madame, laiffez-vous toucher à
la tendreffe maternelle, au merite dé M.
Damon, & à la douleur dé deux amans
nez pour être époùx, ferez-vous infen-
fible à mes prieres ?

Mme LISIDOR.

Chevalier, vous fçavez qu'il n'y a
rjen que vous ne me fiffiez faire...

LE CHEVALIER, *bas.*

Refufez-moi toûjours...

Mme LISIDOR.

Mais à l'égard de ma fille, mon parti
eft pris, elle fera Religieufe.

LE CHEVALIER, *bas à Mme Lifidor.*

Courage. *à Damon.* Jé fais dé mon
mieux, vous lé voyez. *à Mme Lifidor.*
Faut-il, Madame, qué j'embraffe vos
genoux, my vélà : donnez-leur votre
agrément, jé vous en conjure par l'a-
mour qué j'ai pour vous, par les char-
mes dé votre perfonne.

Mme LISIDOR,

Levez-vous, Chevalier.

LE CHEVALIER.

Non, jé n ó mé leverai point qué vous

né m'ayez accordé la grace qué jé vous demande pour eux.. M. Damon, secondez-moi donc.

DAMON, *souriant froidement.*

Cette Scene de Comédie n'a que trop duré, Monfieur, vous fçavez mes propofitions, comptez fur ma parole.

SCENE XVII.

Mme LISIDOR, LE CHEVALIER, DAMON, MATHURIN.

MATHURIN, *accourant.*

MOnfieur le Chevalier, ly à là un laquais de vard-vêtu qui vous charche ; il dit comme ça que M. le Comte de.. gnic.. gnac.. vote pere enfin viant d'arriver.

LE CHEVALIER, *vivement.*

Mon pere! pardon, Madame, fi jé vous quitte pour courir au-dévant dé lui. *il rentre avec précipitation.*

Mme LISIDOR, *en folle.*

Et moi, je rentre pour me préparer à le reçevoir.

SCENE XVIII.

SCENE XVIII.

DAMON, MATHURIN.

DAMON, *s'en allant.*

HElas !

MATHURIN, *à part*

Difons li ce que je fommes convenu moi & M. Lifidor. *haut.* Monfieur Damon.

DAMON.

Laiffe-moi.

MATHURIN.

Venez ça donc, j'ai une bonne nouvelle à vous bailler.

DAMON.

Quelle eft-elle ?

MATHURIN.

Gageons, que vous ne devinez pas qui eft le pere de ce biau Chevalier.

DAMON.

Que m'importe ?

MATHURIN.

Si fait par la morguoi il vs'importe; c'eft fte Bohemienne de tantôt.

D

DAMON.

Que veux-tu dire ?

MATHURIN.

Oüi voirement, je les ai entendus
qui complottiont ça ensemblement : il
lui difoit vous direz cy, vous direz ça,
& je vians de la devifager dans le bois
qui s'habiloit en homme.

DAMON.

Dis-tu vrai, Mathurin ?

MATHURIN.

Oüi morguoi, & j'en fçai pu long
que je n'en dis, mais motus : je fuis un
futé manœuvre, je vous en avartis, je
ne fais pas tant feulement femblant de
rian, & fi je fçai pourtant tout le tu-
auten : mais tenez les vla qui venont.
Tâchez de les acouter fans qu'ils vs'a-
parceviaint.

SCENE XIX.

LISIDOR, *en habit de gentillâtre,*
LE CHEVALIER, MATHURIN.

MATHURIN.

C'Eſt donc là votre pere, M. le Chevalier ?

LE CHEVALIER, *gayement.*

Oüi, Mathurin.

MATHURIN.

Vantregoi , je ſis bian aiſe que vs
ayez choiſi un ſi brave pere , ſtanpen-
dant je vas vs'annoncer à Madame, *bas*
& à Mademoiſelle Henriette.

SCENE XX.

LISIDOR, LE CHEVALIER.

LE CHEVALIER, *riant.*

VOus véla à merveille : mais prenez
garde à cé qué vous direz dévant
cette femme.

LISIDOR.

Vous verrez ſi ellé s'y méprendra.

44

LE MARI.

Elle sera bien attrapée, je vous en répond.

LE CHEVALIER, *riant.*
Souvenez-vous qué vous arriv ezdé
votre Château.

LISIDOR.
Oüi, des bords de la Garonne.

LE CHEVALIER, *riant.*
Qué vous vous appellez...

LISIDOR.
Le Comte dé Fourbignac.

LE CHEVALIER, *riant.*
N'oubliez pas dé vanter fort vos biens,
vos terres, vos châteaux, votre qualité;
& pour être plus croyable, parlez le
langage du pays.

LISIDOR, *avec un ton gascon.*
C'eſt lé ſecret.

SCENE XXI.

LISIDOR, DAMON,
LE CHEVALIER.

DAMON.
AH, fourbes, je vous y prens! je
me doute de votre complot crimi-
nel, & la Juſtice va me faire raiſon de
vous deux.

LE CHEVALIER, *bas à Lisidor.*

Nous auroit-il entendus ?

LISIDOR, *au Chevalier.*

Ne craignez rien. *haut.* Monsieur,
les menaces de la justice n'effrayent point
un homme comme moi.

DAMON.

C'est que tu es accoûtumé à avoir
affaire à elle.

LISIDOR.

Doucement, Monsieur.

DAMON.

Infâmes ! je vous connois trop bien.

LE CHEVALIER, *bas.*

Je tremble.

LISIDOR, *doucement.*

Non, vous ne me connoissez pas, &
quand on verra ici qui je suis, je suis
sûr d'y être respecté de tout le monde,
de vous-même.

DAMON.

De moi, scelerat, de moi ? je respe-
cterois un miserable qui se prête à des
manœuvres... mais, Madame Lisidor
paroît, je vais lui parler comme il faut
en votre faveur.

LISIDOR, *d'un ton dédaigneux.*

Allez, je sçais le secret de me faire
croire.

LE CHEVALIER, à *Lifidor.*
L'habile fourbe, que vous êtes.

SCENE DERNIERE.

LISIDOR, Mme LISIDOR,
DAMON, HENRIETTE,
LE CHEVALIER, MATHURIN.

DAMON, *courant au-devant de Mme*
Lifidor.

Madame...
   Mme LISIDOR.
Eh, Monfieur Damon, je vous ai dit
ma derniere réfolution.
   DAMON.
Ce n'eft plus de mon mariage qu'il
s'agit...
   Mme LISIDOR.
Chanfons...
   DAMON.
On vous trompe.
   Mme LISIDOR.
Je veux être trompée, Monfieur, je
veux être trompée. Mon cher Cheva-
lier, je fens un treffaillement qui me
dit que c'eft là M. votre pere.

LE CHEVALIER, *hardiment.*

Oüi, Madame.

Mme LISIDOR, *courant à Lisidor & faisant ensuite deux pas en arriere.*

Que je l'embraſſe de tout mon cœur... que vois-je.. ciel.. ciel..

LE CHEVALIER.

Sandis, qu'avez-vous?

Mme LISIDOR.

C'eſt mon mari.. *elle fuit.*

LE CHEVALIER, ET DAMON.

Son mari!

MATHURIN.

Oüi, & itou la Bohemienne de tantôt, il n'eſt pas mort comme vous le voyez: & c'eſt moi qui ai braſſé tout ça.

HENRIETTE, *court embraſſer Lisidor.*

MATHURIN, *au Chevalier qui ſe ſauve.*

Demeurez donc, M. le Chevalier, le Prévôt va venir.

LISIDOR.

Laiſſe aller ce malheureux.

MATHURIN.

Non morguoi, il m'a baillé des coups de bâtons, je ſis trop rancuneux. *il le poursuit.*

DAMON, *ſe jettant à genoux.*

Qu'ai-je fait, Monsieur?

LISIDOR.

Levez-vous, je vous en ſçai bon gré, vous ne deviez pas me reconnoître ſurtout ſous les perſonnages que je viens de faire ici : embraſſez-moi. Je vous donne à ma fille, ſoyez le prix de la tendreſſe que je ſçai qu'elle a pour moi.

DAMON.

Ah, Monſieur !

HENRIETTE.

Ah mon pere !

LISIDOR.

Aimez-vous toûjours mes enfans, & ſoyez auſſi heureux époux que vous avez été tendres amans. Et vous mes camarades, venez par vos danſes & par vos chants effacer de mon eſprit juſqu'au ſouvenir d'une épouſe perfide qui va occuper dans un couvent la place qu'elle y deſtinoit à ma fille.

HENRIETTE.

Ne quittons point mon pere, Damon, & obtenons de lui le pardon de ma mere.

DIVERTISSEMENT,

DIVERTISSEMENT.

Entrée de plusieurs Bohémiens &
Bohémiennes.

AIR.

L'Amour est un Bohémien :
Que dans les cœurs il lit bien !
Que ses prédictions sont sûres !
    Pour les vieux époux,
    Avares, jaloux,
    Fâcheux, Loup-garoux ;
Il n'a que de tristes augures :
    Mais pour les Amans
    Jeunes & charmans,
    Pour les vieux galans,
    Riches, complaisans,
Qu'il a de douces avantures !

On danse.

AUTRE AIR.

Point de surprise, Epoux ;
Quand vous revenez chez vous :
Le Mari doit se faire attendre ;

E

Faites fracas, annoncez-vous;
A la porte frappez cent coups;
　　Que votre toux,
　　Sur l'escalier se fasse entendre:
　　L'Amant seul a droit de surprendre;
　　Mais revenez sourd & sans yeux;
　　　Pour être agréable.
　　Le cœur d'une femme aimable,
Est un fâcheux miroir pour l'époux curieux.
　　On danse.

VAUDEVILLE.

Dans l'Empire de Cupidon,
　Quiconque veut faire un voyage,
　S'il mene avec lui la raison,
　Pourra-t-il toucher le rivage?
　　　Je devine... non.
　　　Mais de la partie,
　　　S'il met la folie,
　Comus & le Dieu du flacon,
　　　Il aura, j'en jure,
　　　La bonne avanture.

Cette prude dont la pudeur
　Tremble au seul nom d'un Mousquetaire,
Meprise-t-elle la douceur
Des amusemens de Cythere?
　　　Je devine... non.
　　　D'un prétendu sage
　　　Le Patelinage
Mettra son cœur à la raison.

Il aura, j'en jure,
La bonne avanture.

❊

Ce Commis dont je vois la main,
Epoux de la jeune Ifabelle,
Fera-t-il vîte fon chemin ?
Tant qu'il tiendra de cour la belle
    Je devine, non.
    Mais fi il eft traitable,
    Si fa femme aimable,
Va folliciter le Patron,
    Il aura, j'en jure,
    La bonne avanture.

❊

MATHURIN.

Seulcte darriere un buiffon,
J'aparçu dormir Colinete ;
Y dormoit-elle tout de bon ?
Morguenne à fa mine finette,
    Je devinis : non.
    Qu'al la bailloit belle !
    Je mis me près d'elle. . .
Queuque malhonête garçon
    Auroit eu, j'en jure,
    La bonne avanture.

❊

Quand nos grand-Mamans l'ont voulu,
Elles ont trompé nos grands-Pères ;
Quand nous l'avous bien refolu,
Ne fçaurions nous tromper nos meres ?
    Oh que vraiment non :
    La fille s'exquive,
    Le galant arrive,
La maman vient, je t'en répond,

On a , je vous jure ,
Fini l'avanture.

❊❊❊

Un riche amant par ses Ducats ;
Sçait réussir sans sçavoir plaire.
De ses trésors on fera cas ;
Mais de lui , c'est une autre affaire,
Je répond que non.
Il sera le maître ,
On feindra peut-être ,
Mais en tapinois un second ,
Aura , je vous jure ,
La bonne avanture.

❊❊❊

MATHURIN, *au Parterre.*

Messieurs , quand le surlendemain ,
Yci je ne voyons parsonne ,
Si l'on demande à Mathurin ,
Dis nous la Piece est-elle bonne ?
Je devine, non...
Mais quand le bian monde
Dans ces lieux abonde ,
Sans recharcher d'autre raison ,
La Piece a , j'en jure ,
La bonne avanture.

F I N.

APPROBATION.

J'Ai lû par l'ordre de Monseigneur le Garde des Sceaux une Comédie d'un Acte qui a pour titre, *Le Mari Curieux*; & je crois que le public en verra avec plaisir l'impreßion. A Paris ce 8. Août 1731.

DANCHET.

PRIVILEGE DU ROY.

LOUIS, PAR LA GRACE DE DIEU, ROY DE FRANCE ET NAVARRE: A nos amez & feaux Conseillers les Gens tenans nos Cours de Parlement, Maîtres des Requêtes ordinaires de notre Hôtel, Grand Conseil, Prevôt de Paris, Baillifs, Sénéchaux, leurs Lieutenans Civils & autres nos Justiciers qu'il appartiendra, Salut. Notre bien amé JEAN-FRANÇOIS JOSSE, Libraire-Imprimeur ordinaire de notre très-chere Sœur Madame, Reine d'Espagne, seconde Douairiere, Nous ayant fait supplier de lui accorder nos Lettres de Permißion pour l'impreßion d'un Manuscrit qui a pour titre, *Le Mari Curieux Comedie, par le Sr. Dallainval*, offrant pour cet effet de l'imprimer ou faire imprimer en bon papier & beaux caracteres, suivant la feuille imprimée & attachée pour modele sous le contre-scel des Presentes; Nous lui avons permis & permettons par ces Présentes d'imprimer ou faire imprimer ledit Livre ci-dessus spécifié en un ou plusieurs Volumes, conjointement ou séparément ; & autant de fois que bon lui semblera, & de le faire vendre & débiter par tout notre Royaume pendant le tems de trois années consécutives, à compter du jour de la datte desdites Présentes : Faisons défenses à tous Imprimeurs-Libraires, & autres personnes de quelque qualité & condition qu'elles soient, d'en introduire d'impression étrangere dans aucun lieu de notre obéissance ; à la charge que ces Présentes seront enregistrées tout au long sur le Registre de la Communauté des Imprimeurs & Libraires de Paris dans trois mois de la datte d'icelles ; que l'Impression de ce Livre sera faite dans notre Royaume & non ailleurs, & que l'Impétrant se conformera en tout aux Réglemens de la Librairie, & notamment à celui du dix Avril 1725. & qu'avant que de l'exposer en vente, le Manuscrit ou Imprimé qui aura servi de copie à l'impression dudit Livre sera remis dans le même état où l'Approbation y aura été donnée, ès mains de notre très-cher & feal Chevalier Garde des Sceaux de France, le Sieur CHAUVELIN, & qu'il en sera ensuite remis deux Exemplaires dans notre Bibliotheque publique, un dans celle de notre Château du Louvre, & un dans celle de notre très-cher & feal Chevalier Garde des Sceaux de France le Sieur CHAUVELIN ; le tout à peine de nullité des Présentes ; du contenu desquelles vous mandons & enjoignons de faire jouir l'Exposant ou ses ayans cause, pleinement & paisiblement, sans souffrir qu'il leur soit fait aucun trouble ou empêchement. Voulons qu'à la Copie desdites Présentes qui sera imprimée tout au long au commencement ou à la fin dudit Livre, foi soit ajoutée comme à l'Original. Commandons au premier notre Huissier ou Sergent de faire pour l'execution d'icelles tous Actes requis & nécessaires, sans demander autre permission, & nonobstant Clameur de Haro, Chartre Normande, & Lettres à ce contraires : CAR tel est notre plaisir. Donné à Paris le huitiéme jour du mois d'Août 1731. & de notre Regne le seiziéme. Par le Roy en son Conseil,

HUPPIN.

Je reconnois avoir cedé le privilege ci-dessus à Monsieur BRIASSON, Libraire à Paris, suivant les conditions faites entre nous. A Paris le 9. Août 1731. J. F. JOSSE.

Registré, ensemble la Cession, sur le Registre VIII. de la Chambre Royale des Libraires & Imprimeurs de Paris, N. 216. fol. 208. conformément aux anciens Réglemens, confirmez par celui du 28. Février 1723. A Paris le 9. Août 1731.

Signé, P. A. LE MERCIER, *Syndic.*

De l'Imprimerie de CHARLES OSMONT